2. Lese-stufe

Martin Klein

Lustige Weltraumgeschichten vom kleinen Dings

Mit Bildern von Kerstin Meyer

Mildenberger Verlag

Ravensburger Buchverlag

Bibliografische Information der Deutschen Nationalbibliothek:

Die Deutsche Nationalbibliothek verzeichnet diese Publikation
in der Deutschen Nationalbibliografie.
Detaillierte bibliografische Daten sind im Internet
über http://dnb.d-nb.de abrufbar.

1 2 3 4 5   E D C B A

Ravensburger Leserabe
Diese Ausgabe enthält die Bände
„Der kleine Dings aus dem All",
„Der kleine Dings und die Zeitmaschine"
„Der kleine Dings in der Schule",
sowie „Der kleine Dings ist verliebt" von Martin Klein
mit Illustrationen von Kerstin Meyer
© 1998, 2000, 2001, 2005 Ravensburger Buchverlag Otto Maier GmbH

© 2016 für die Ausgabe mit farbigem Silbentrenner
Mildenberger Verlag GmbH
Im Lehbühl 6, 77652 Offenburg

und Ravensburger Buchverlag Otto Maier GmbH
Postfach 18 60, 88188 Ravensburg
Umschlagbild: Kerstin Meyer
Konzeption Leserätsel: Dr. Birgitta Redding-Korn
Design Leserätsel: Sabine Reddig

Printed in Germany
ISBN 978-3-619-14467-9
(für die Ausgabe im Mildenberger Verlag)
ISBN 978-3-473-36498-5
(für die Ausgabe im Ravensburger Buchverlag)

www.mildenberger-verlag.de
www.ravensburger.de
www.leserabe.de

Inhalt

Der kleine Dings aus dem All   5

Der kleine Dings und die
Zeitmaschine   49

Der kleine Dings in der Schule   91

Der kleine Dings ist verliebt   133

Martin Klein

DER KLEINE DINGS AUS DEM ALL

Mit Bildern von

Kerstin Meyer

Inhalt

Der Ausflug   9

Die Landung   16

Die Begrüßung   24

Das Geschenk   32

Der Abschied   38

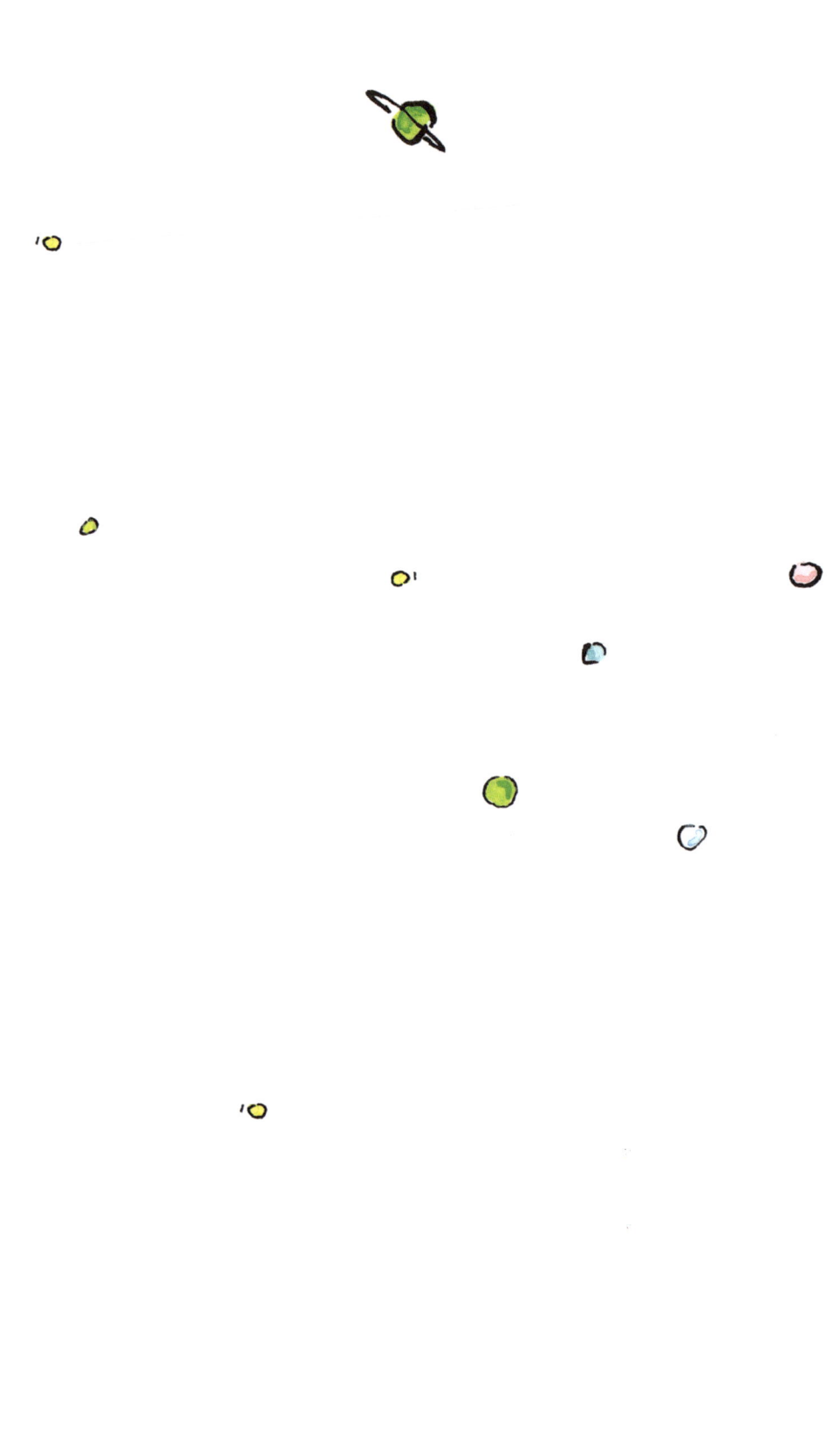

Der Ausflug

Ein Raumschiff zischt
durch das All.

Der Pilot ist
klein und rot.

Er hat drei Ohren
und ist 101 Jahre alt.

So alt
sieht er längst nicht aus.
Er heißt MRWSXPRCTZ.

Er ist ein
MRWSXPRCTZIANER.

Er kommt
vom Planeten
MRWSXPRCTZIANUS.

Wer soll das lesen?

Auf diesem Planeten
haben alle Leute
drei Ohren.
Sie werden
sehr langsam erwachsen.

Mit 101 kommen sie erst
in die Schule.
Und zur Einschulung
bekommen sie
keine Schultüte geschenkt.
Sondern ein Raumschiff.

Das ist doch klar.

Trotzdem ist der kleine MRWS…
aus PRRTZZ…

Moment mal!
So geht das nicht weiter.

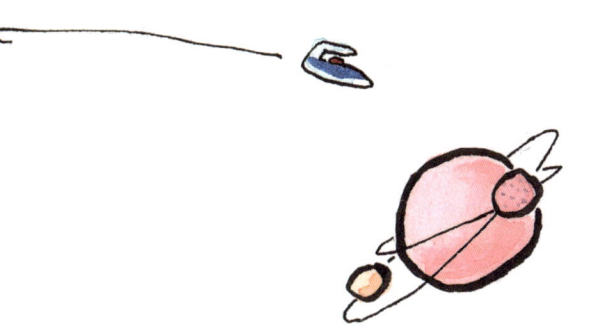

Also:
Der kleine Dings aus Dingsda
ist schon ziemlich alt.
Aber trotzdem ist er noch
ein kleiner Junge.

Die Landung

Eigentlich
wollte der kleine Dings
zur Einschulung
lieber eine Zeitmaschine.
Na ja.
Ein Raumschiff
ist besser als nichts.

Zu einem Ausflug
in das All
taugt es jedenfalls.
Zum Abendessen
soll der kleine Dings
wieder zu Hause sein.
Er darf nicht weiter fliegen
als bis zur nächsten Ecke
der Milchstraße.

17

Hier kommt zufällig
die Erde in Sicht.
Dort wohnen die Menschen.
Das erzählte
der große, rote Opa
vor fünf Jahren.
Das ist auf Dingsda
nicht viel länger her
als gestern.

„Stell dir vor",
sagte der Opa,
„die Menschen
haben nur zwei Ohren."
„Das muss
sehr komisch aussehen",
erwiderte der kleine Dings.

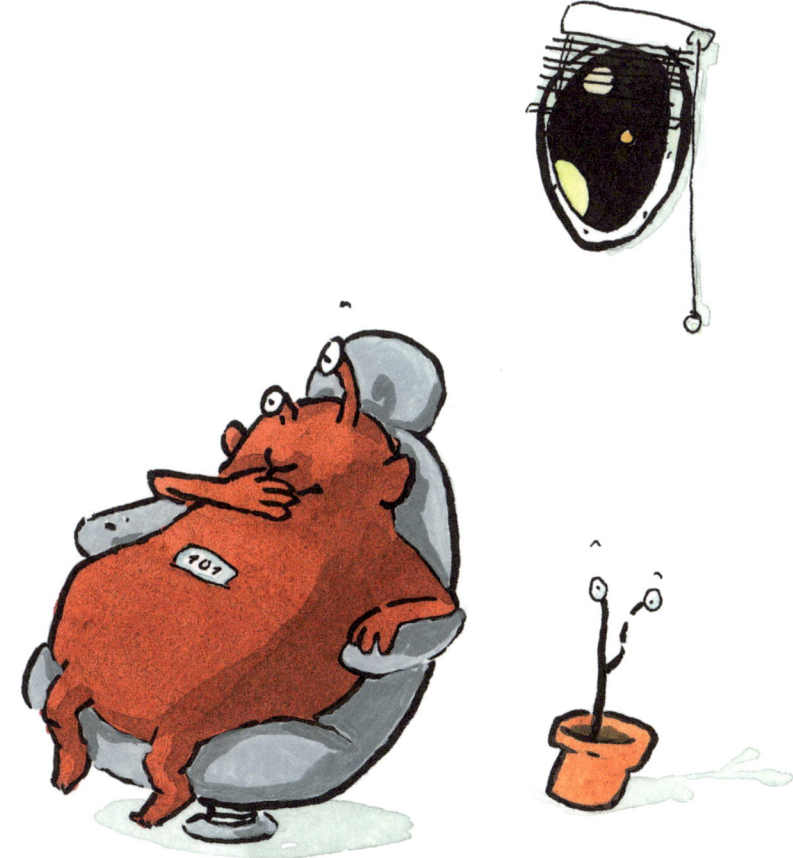

„Und schön knallrot
sind die auch nicht",
sagte der Opa.
„Höchstens ganz selten."

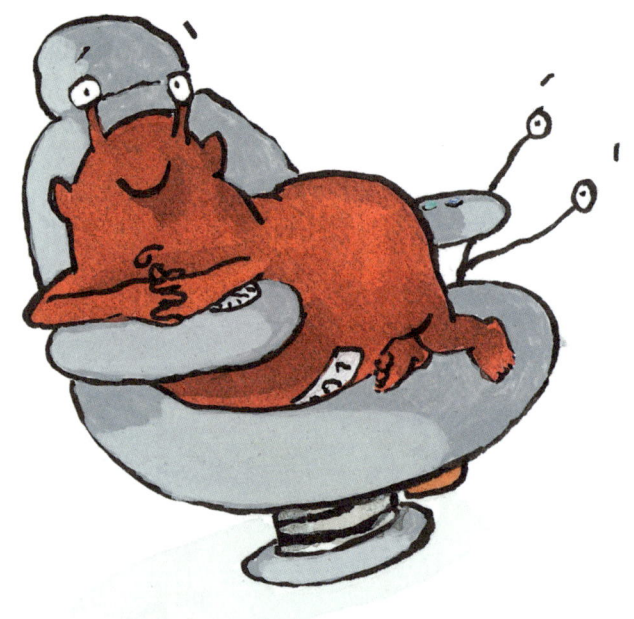

„Die Armen",
seufzte der kleine Dings.
Seitdem ist er sehr neugierig
auf die armen Menschen.

Und jetzt
fliegt er immer weiter.
An der nächsten Ecke
ist er längst vorbei.
Und an der übernächsten auch.
Er landet
auf der Erde.

Das Raumschiff
plumpst auf ein Haus.
BOING.

Und von dort
vor den Eingang.
PLOFF.

Der kleine Dings
kann nämlich
schon ganz gut fliegen.
Aber noch nicht
so gut landen.

23

Die Begrüßung

In dem Haus
wohnt ein Dackel.
Es ist nämlich
eine Hundehütte.
Soeben
hat er noch geschlafen
und von Knochen geträumt.

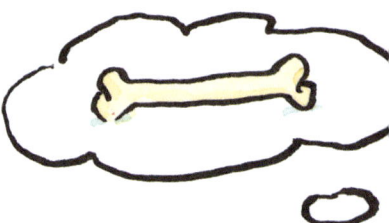

Und von Bäumen.

Und von Stöckchen.

Jetzt blinzelt er verwundert.

Der kleine Dings klettert
aus seinem Raumschiff.
Der Dackel schnüffelt ihn an.
Der kleine Dings schnüffelt
zurück.

Andere Planeten,
andere Sitten.

Zwei Ohren,
denkt der kleine Dings.
Und rot ist er auch nicht.
Das ist wohl
ein Mensch!

Klein, knallrot
und kann fliegen,
denkt der Dackel.
Das ist wohl
ein komischer Vogel.

Flauschig
und hinten
mit fransigem Stiel,
denkt der kleine Dings.
Davon hat Opa
gar nichts erzählt.

Einen Vogel ohne Flügel
habe ich noch nie gesehen,
denkt der Dackel.
Na ja, dafür hat er drei Ohren.

Der kleine Dings macht
einen Handstand.
Das ist auf Dingsda
die übliche Begrüßung.

Der Dackel wedelt
mit dem Schwanz.
„Moment!",
ruft der kleine Dings.

Er rennt
in sein Raumschiff.
Und holt
einen Besen.

Er hält den Besen
an seinen Hintern.
Und schwenkt ihn
hin und her.

Wirklich ein komischer Vogel,
denkt der Dackel
und lüpft die Ohren.
Der kleine Dings
lüpft dreifach zurück.

Das Geschenk

„Wie heißt du, Mensch?",
fragt der kleine Dings.
„Ich heiße ..."

Ja, ja, schon gut.
Das lassen wir aus.

„Gut, dass du
keine Katze bist",
bellt der Dackel.

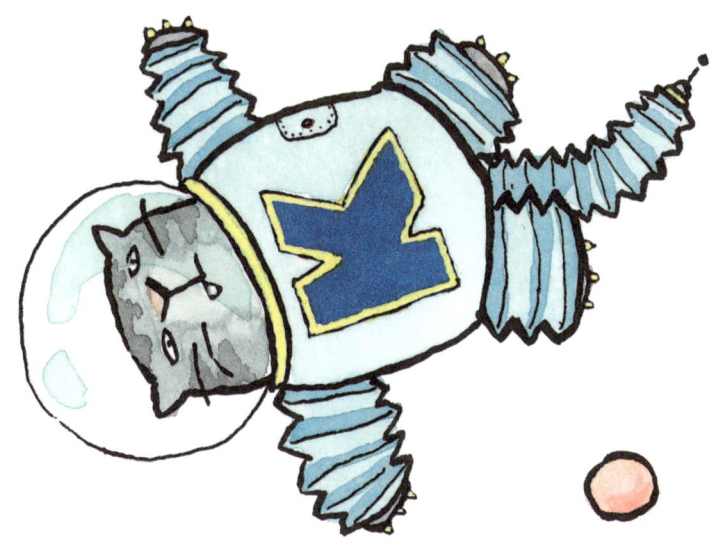

„Katzen kann ich nämlich
nicht leiden.
Aber gegen komische Vögel
habe ich nichts."
„Ich bin 101",
sagt der kleine Dings.
„Und du?"
„Eine fliegende Katze
hätte mir außerdem
Angst gemacht",
bellt der Dackel.

33

„Ich gehe schon
in die Schule“,
erzählt der kleine Dings
stolz.
„Ich kann schon
eine Trillion weniger eins
ausrechnen.
Und du?“
„Komm mit,
ich zeige dir
die Dackelwelt!“,
bellt der Dackel.
Zuerst führt er seinen Gast
in die geheime Gartenecke.

Dabei kommen die zwei
am Raumschiff vorbei.
Der kleine Dings klopft
lässig dagegen.
„Mein Geschenk
zur Einschulung",
sagt er.
„Besser als nichts, oder?"

In der Gartenecke
wühlt der Dackel wild
in der Erde herum.
„Lustige Sitte!",
ruft der kleine Dings
und wühlt mit.
Ein Knochen
kommt zum Vorschein.

Der Dackel rollt ihn
dem kleinen Dings
vor die Füße.
„Den schenke ich dir!",
bellt der Dackel.
Merkwürdige Geschenke
gibt es hier,
wenn man
in die Schule kommt,
denkt der kleine Dings.

Der Abschied

Der kleine Dings
und der Dackel
kommen an einen Baum.
Der Dackel hebt sein Bein.

„Damit alle wissen,
dass ich hier war!",
bellt er.

Der kleine Dings staunt:
„Ob ich das
auch so kann
wie du?"
Beim dritten Versuch
klappt's.
„Beim nächsten Mal
mach' ich
einen Handstand dabei!",
ruft der kleine Dings.
„Ich weiß doch,
was sich gehört."

„Und jetzt
wirf das Stöckchen!",
bellt der Dackel.
Er holt
einen dünnen Ast
und legt ihn
dem kleinen Dings
vor die Füße.
Es dauert eine Weile,
bis der das Spiel begreift.

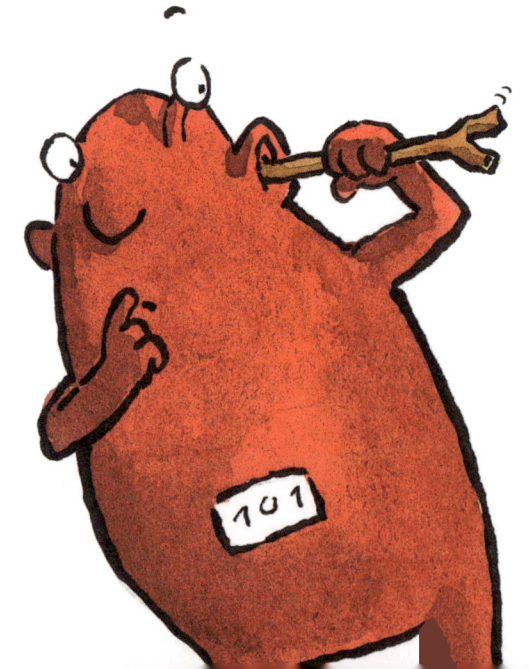

Aber dann macht es Spaß.

Beim 17. Wurf
landet das Stöckchen
auf dem Raumschiff.
Der kleine Dings
erschrickt.

„Bei allen roten Ohren",
ruft er.

„Ich soll
zum Abendessen
wieder zu Hause sein!"
Die beiden
verabschieden sich.
Der Dackel wedelt
mit dem Schwanz.
Der kleine Dings
schwenkt
den Besen.

Als er einsteigt,
klopft er noch einmal
gegen das Raumschiff.
„Eine Zeitmaschine wäre aber
noch besser gewesen,
oder?"

Der Dackel lüpft
die Ohren.
Der kleine Dings
lüpft zweimal
dreifach zurück.
Das Raumschiff startet.

Komische Vögel gibt's,
denkt der Dackel.
Mit drei Ohren
und Flügeln
wie ein Schnellkochtopf.

Jetzt weiß ich,
wie die Menschen sind,
denkt der kleine Dings.
Klein, flauschig
und hinten
mit fransigem Stiel.

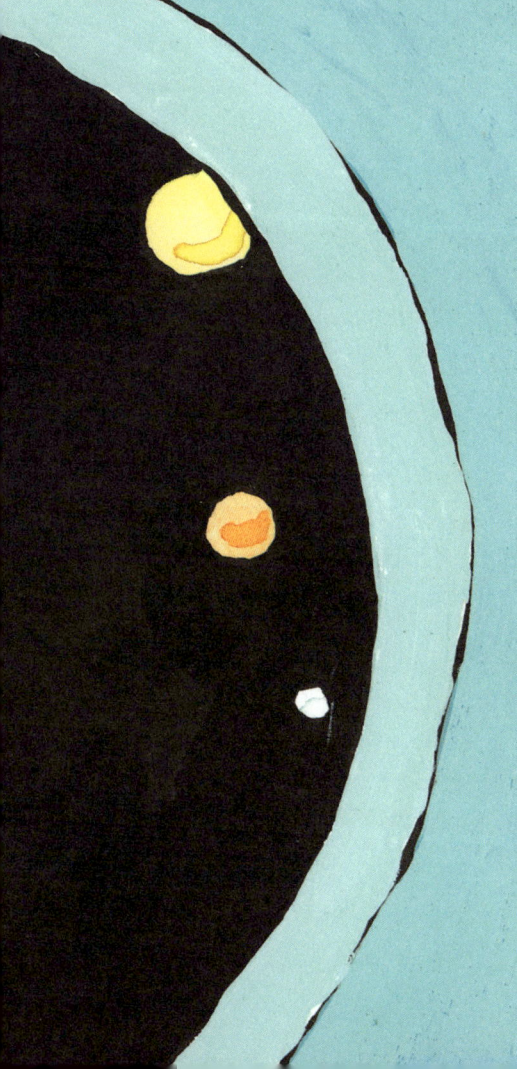

Martin Klein

DER KLEINE DINGS
und die Zeitmaschine

Mit Bildern von

Kerstin Meyer

Inhalt

Das Geburtstagsgeschenk 53

Zukunft und Vergangenheit 60

Die Zeitreise 68

In der Steinzeit 72

Ein Ball für den Fortschritt 80

Das Geburtstagsgeschenk

Der kleine Dings aus dem All
hat Geburtstag.
Er wird 102 Jahre alt.
Eigentlich heißt er
MRWSXPRCTZ.
Aber das kann
kein Mensch lesen.

Stolz wackelt der kleine Dings
mit seinen drei Ohren.
Nun gehört er nicht mehr
zu den jüngsten Schulkindern
auf dem Planeten Dingsda.
Die sind nämlich erst 101.

Morgen in der Schule wird er
auf die Jahresnummern
der I-NRSWSXCDÖTZCHEN
zeigen.

Das heißt übersetzt:
SCHUL-ANFÄNGER.
Der kleine Dings
wird laut lachen
und rufen:

Das heißt übersetzt:
ÄTSCH-BÄTSCH!

Jetzt öffnet der kleine Dings
sein Geburtstagsgeschenk.
Was da wohl drin ist?
Ein Baukasten
für Sternschnuppen?

Ein Milchstraßen-Mixer?

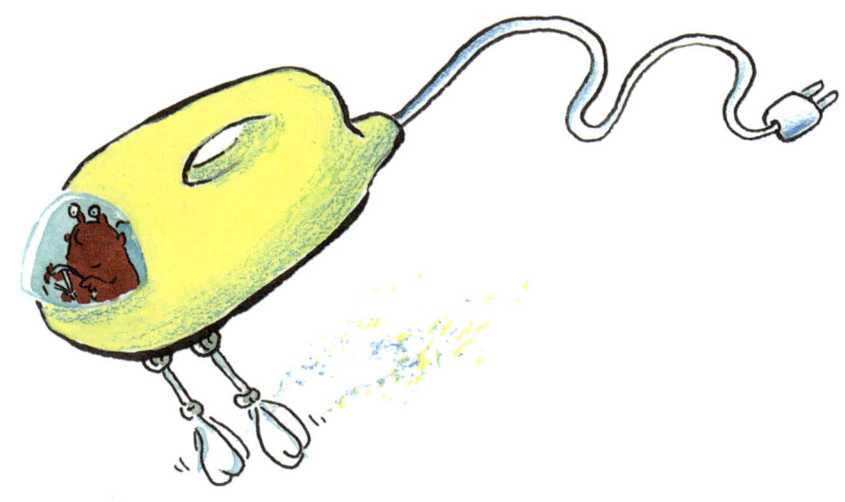

Oder sogar
ein Riesen-Blaulicht
für sein Raumschiff?

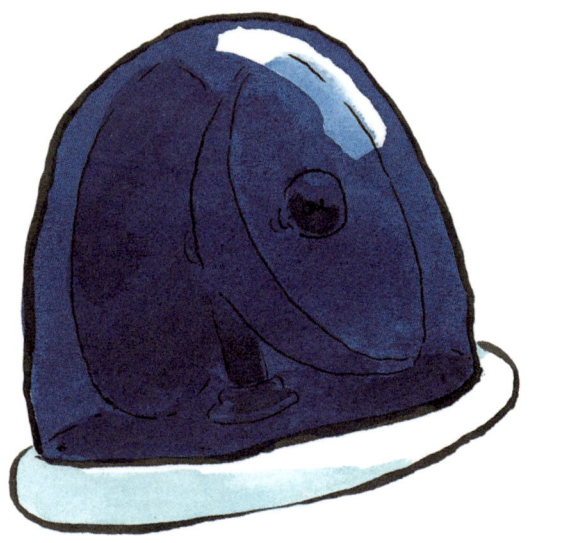

Nein!

Es ist eine Zeitmaschine!
Die hat sich der kleine Dings
immer so sehr gewünscht.
Jedenfalls bis
zum letzten Jahr.

Aber jetzt
hätte er lieber etwas
von den anderen
Sachen bekommen.

58

Was soll's.
Eine Zeitmaschine ist
besser als nichts.
Viel besser.

Zu einem Ausflug
in die Zeit
kann man sie jedenfalls
sehr gut gebrauchen.

Zukunft und Vergangenheit

Die Zeitmaschine wurde
extra für Kinder gebaut.
Sie reicht 10001 Jahre
in die Vergangenheit zurück.
In die Zukunft
kann man mit ihr aber nur
für eine halbe Sekunde reisen.
Und warum?

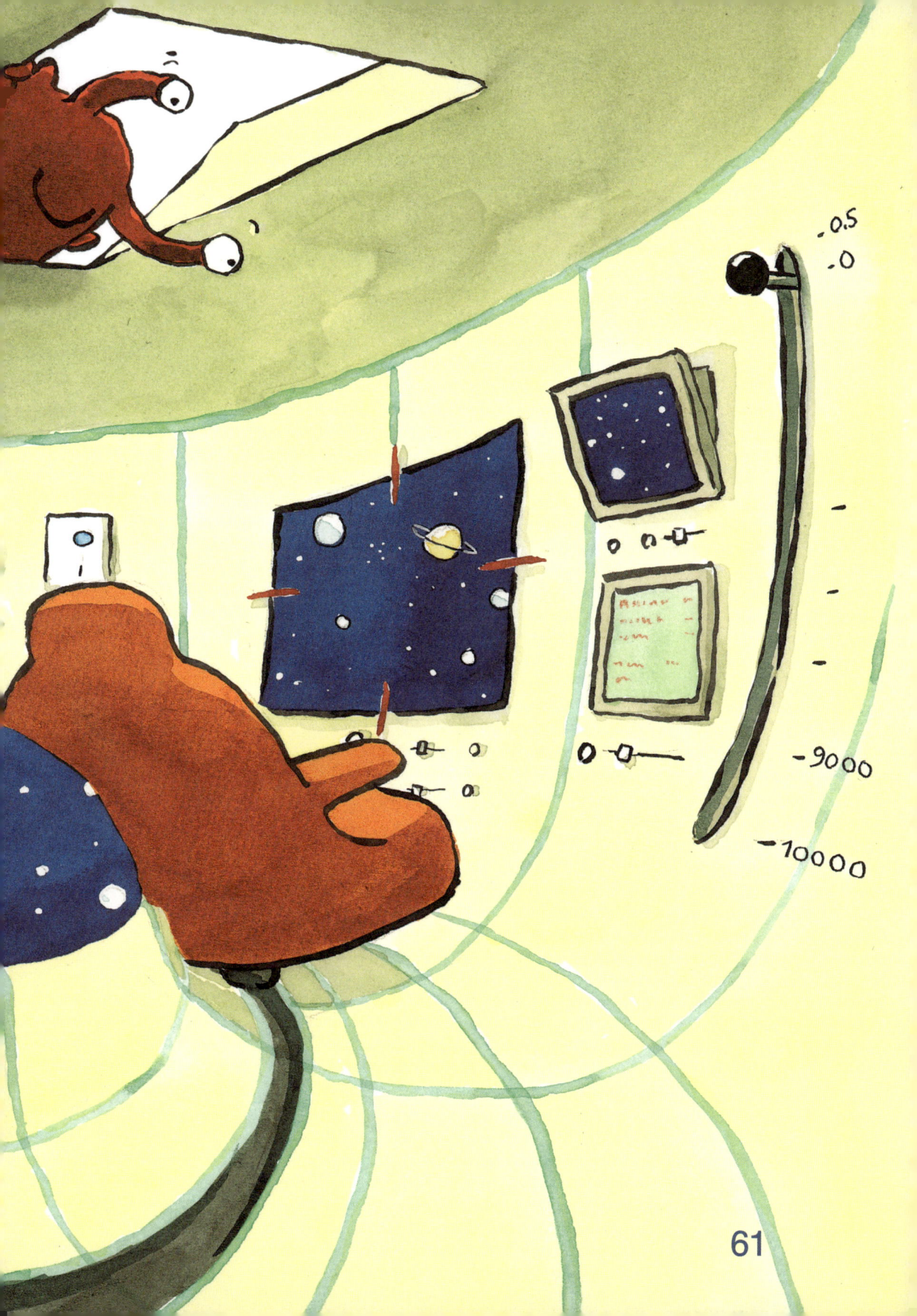

Damit die Kinder
in der Zukunft
keine Kaugummis
unter die Türklinken kleben.
In der Vergangenheit
stört das nicht.
Denn die Vergangenheit
ist schon vorbei.

h

Dort kann man alles machen,
was man will.
Wenn mal was
kaputtgeht,
ist es egal.

t

Ich werde durch die Zeit
zur Erde reisen.
Zurück zu meinem
letzten Besuch dort.
Das beschließt
der kleine Dings.
Dort besuche ich
meinen Freund,
den Menschen.

Moment mal!
An wen denkt
der kleine Dings
denn da?
Ein Mensch ist das
wohl kaum.
Schon eher ein Dackel.
Den hat er
bei seinem ersten Ausflug
auf die Erde kennengelernt.
Diesen Irrtum
hat der kleine Dings
nicht bemerkt.
Aber was macht das schon.

Der kleine Dings hat
eine Idee.
Er denkt:
Ich werde genau
zur selben Zeit kommen
wie beim ersten Mal!

Mein Menschenfreund
wird sich
ganz schön wundern,
wie ich das schaffe!

Und als Geschenk
bringe ich ihm einen Ball mit.
So was ist
auf der Erde
bestimmt völlig unbekannt.

Die Zeitreise

Der kleine Dings klettert
in die Zeitmaschine.
Als Erstes stellt er
den Ort ein.
Und danach die Zeit.

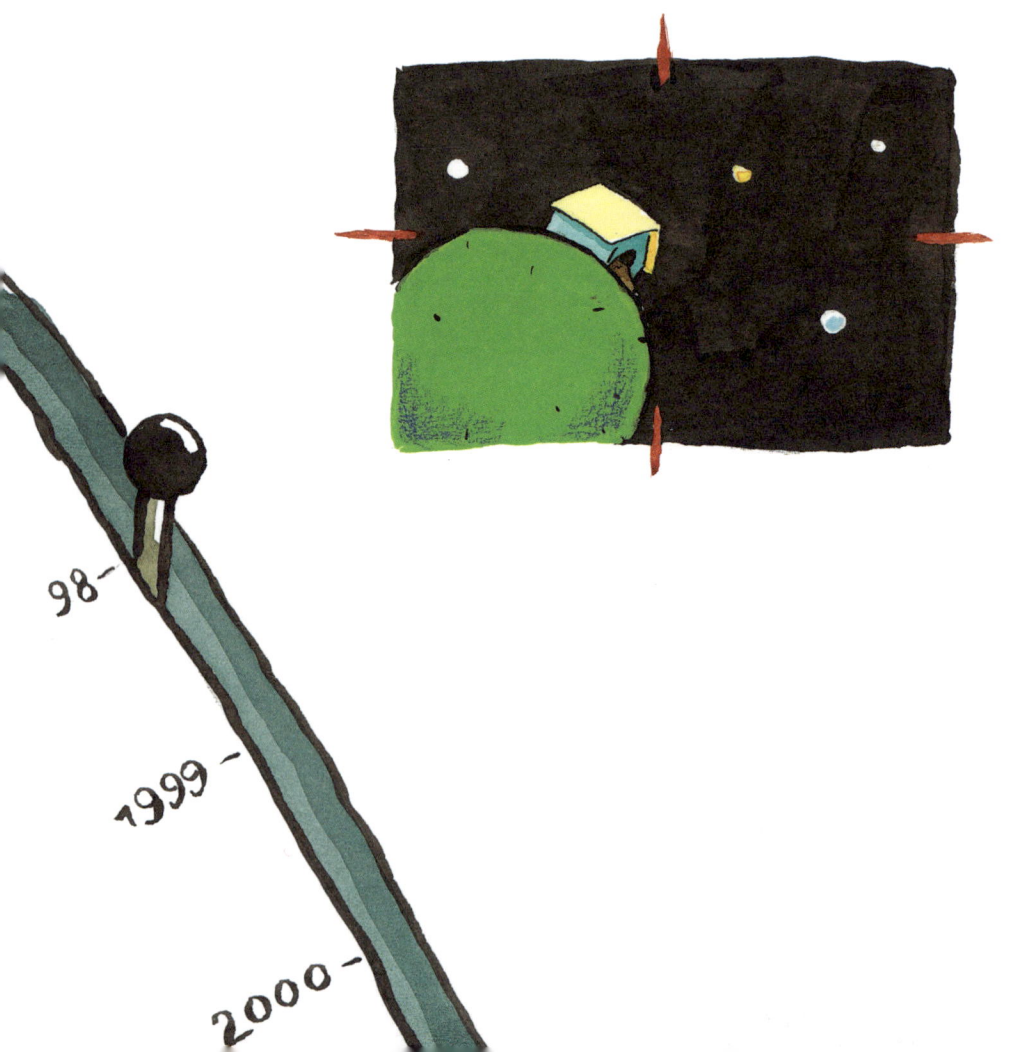

98 —

1999 —

2000 —

Los geht's!
Die Zeit flutscht dahin
wie ein Stück Seife
in der Badewanne.

Schon plumpst
die Zeitmaschine
auf die Hütte des Dackels.

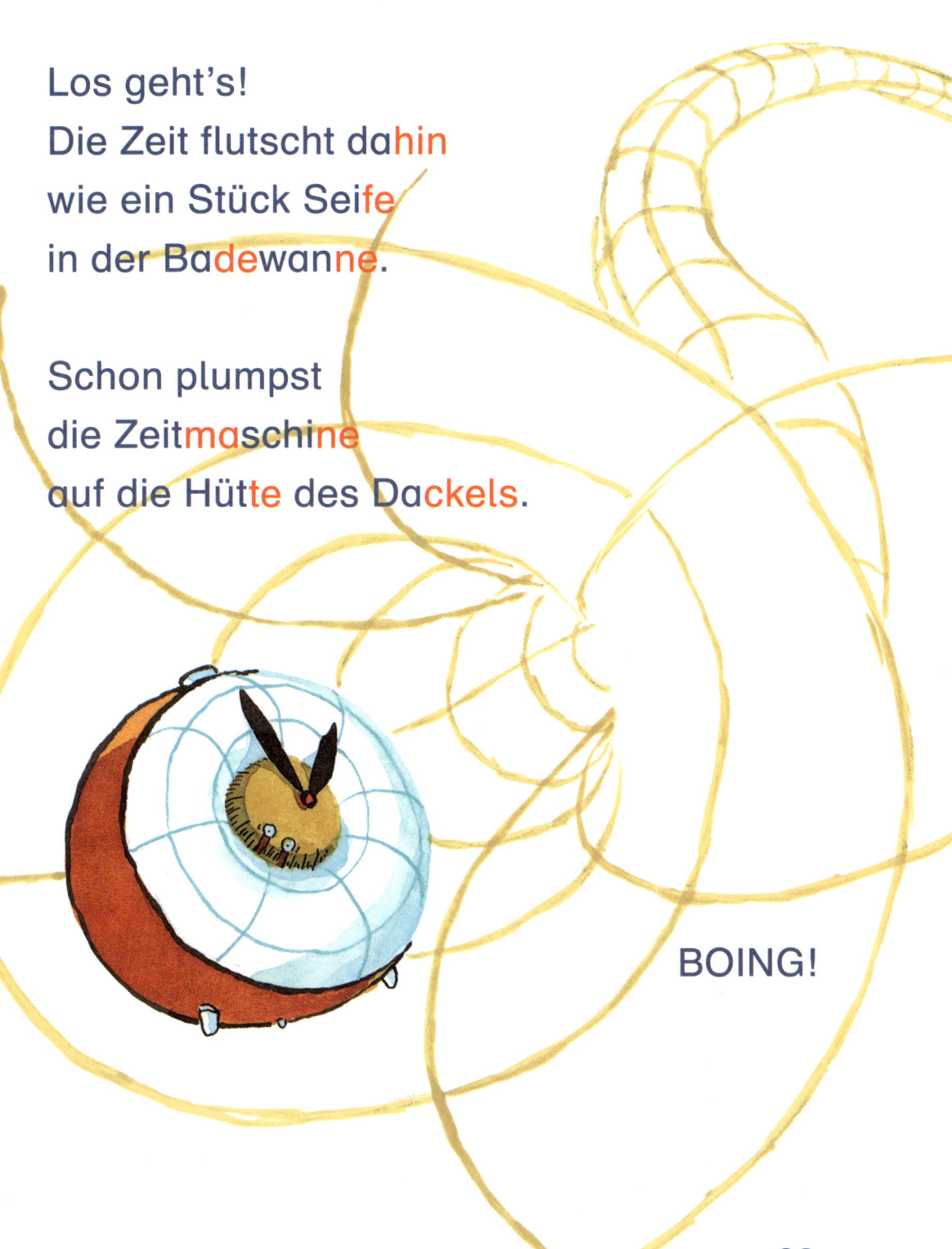

BOING!

Der kleine Dings
kann nämlich schon ganz gut
durch die Zeit reisen.
Aber noch nicht
so gut landen.
Er stößt mit
seinem dritten Ohr
gegen den Zeithebel.

PLOFF!

So ein Pech!
Im letzten Moment
landet der kleine Dings
in der Steinzeit.

Der Dackel wundert sich.
Hatte da nicht soeben
jemand angeklopft?
Seltsam, niemand da.

In der Stein**zeit**

Ver**wun**dert
schaut der klei**ne** Dings
aus sei**ner** Zeitmaschi**ne**.

Die großen
Steinzeitmenschen
bemühen sich gerade darum
Dinge zu erfinden.
Für den Fortschritt.

Und den Steinzeitkindern
macht das Ballspielen
keinen Spaß.

Der kleine Dings klettert
aus der Zeitmaschine.
Die Steinzeitmenschen
staunen ihn an.

Der kleine Dings macht
einen Handstand.
Denn das ist auf Dingsda
die übliche Begrüßung.

„Wer seid ihr?",
fragt er.
„Menschen sehen
anders aus!
Nicht halb flauschig,
sondern ganz flauschig!"

Die Steinzeitmenschen
werfen sich
vor ihm auf den Boden.
„Seltsame Sitte!",
ruft der kleine Dings.
„Ich kenne eine Sitte,
die ist genauso merkwürdig!
Einen Moment bitte.
Ich führe sie euch vor!"

Er holt aus der Zeitmaschine
einen Besen.
Hält ihn
an seinen Hintern
und schwenkt ihn hin und her.

„So begrüßen sich
Menschen“,
ruft der kleine Dings.

„Sie haben hinten
einen fransigen Stiel
und wackeln damit!“

78

Eilig brechen
die Steinzeitmenschen
Zweige von den Bäumen
und machen es
dem kleinen Dings nach.

„So ist es richtig!",
ruft der kleine Dings.
„So macht es
mein Menschenfreund!
Wo ist er eigentlich?
Ich habe ein Geschenk
für ihn!
Wollt ihr's mal sehen?"

Ein Ball für den Fortschritt

Der kleine Dings holt
den Ball aus der
Zeitmaschine.
Die Steinzeitmenschen
bekommen vor Staunen
rote Ohren.
Der kleine Dings staunt.
Ohren fast so rot
wie seine!
Allerdings hat er
eins mehr.

„Habt ihr irgendwo
ein drittes Ohr?",
fragt er.
„Dann sind wir nämlich
verwandt!"
„UGA!",
rufen die Steinzeitkinder.
„UGARUGA!"
Das bedeutet übersetzt:
„Bitte! Bitte, bitte!"
Sie strecken die Arme
nach dem Ball aus.

„Na gut",
sagt der kleine Dings.
Denn er ist großzügig.
Er rollt den Kindern
den Ball zu.

Die Kinder staunen
das fremde Ding an.
Es holpert nicht!
Es rumpelt nicht!
Es pumpelt nicht!
Es rollt!

Die Kinder staunen.
Damit macht das Spielen Spaß!
Und der Fortschritt
kommt ins Rollen!

„Bei allen roten Ohren",
ruft der kleine Dings.
„Ich soll doch spätestens
zu den Sternen-Nachrichten
wieder zu Hause sein!"

Eilig klettert er
in seine Zeitmaschine.

Zum Abschied macht er
einen Kopfstand.
Das ist auf Dingsda
so üblich.
Die Steinzeitmenschen
machen es ihm nach.
So gut sie können.

Ein Steinzeitmaler ritzt
ein Bild in seine Wohnhöhle.
Der kleine Dings ist darauf
zu sehen.
Und die Zeitmaschine.
Und der Ball.
Eine schöne Erinnerung
für die Zukunft.

Der kleine Dings flutscht
zurück durch die Zeit.
Auf dem Heimweg
denkt er darüber nach,
wen er diesmal
auf der Erde
kennengelernt hat.

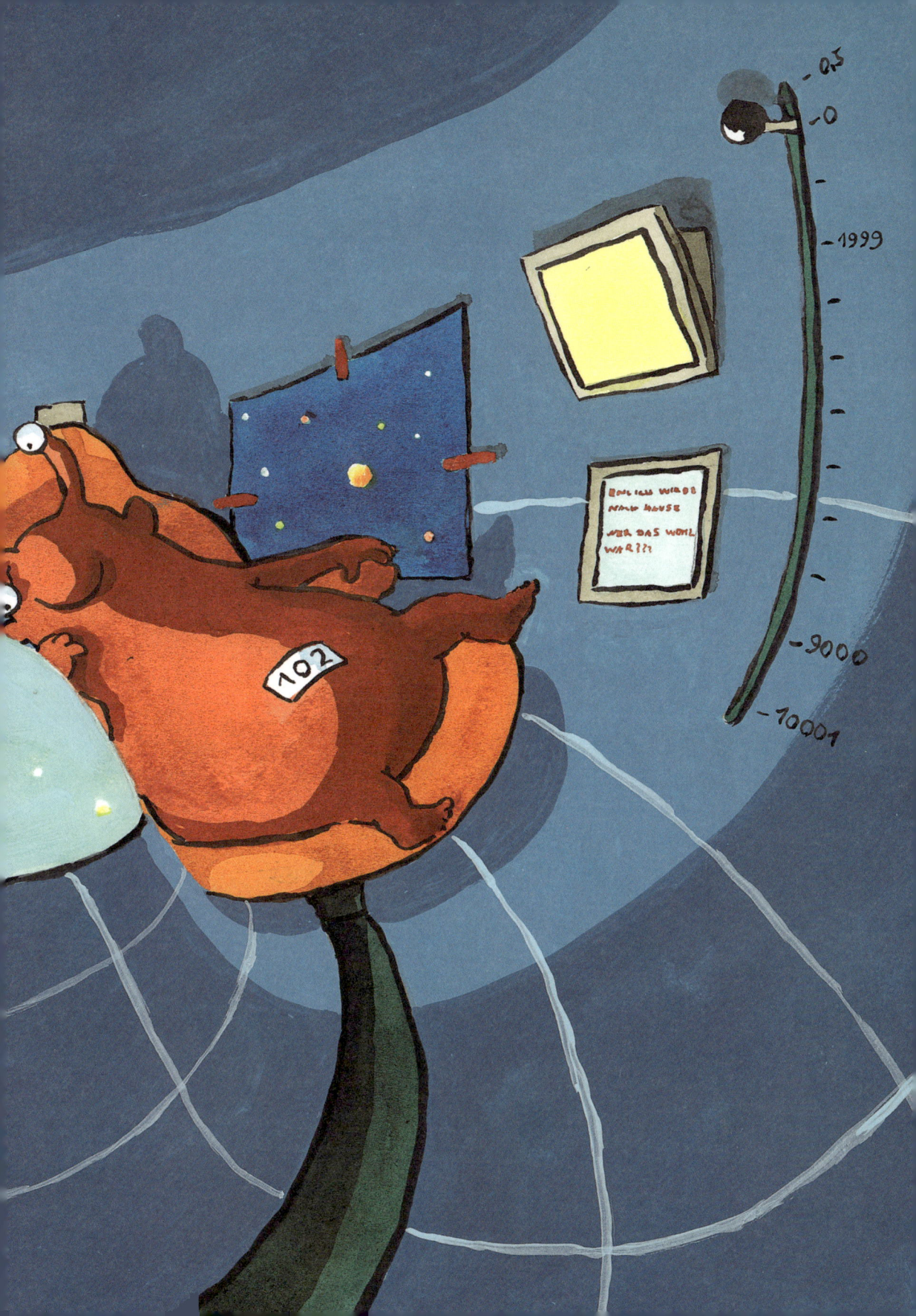

Martin Klein

DER KLEINE DINGS in der Schule

Mit Bildern von Kerstin Meyer

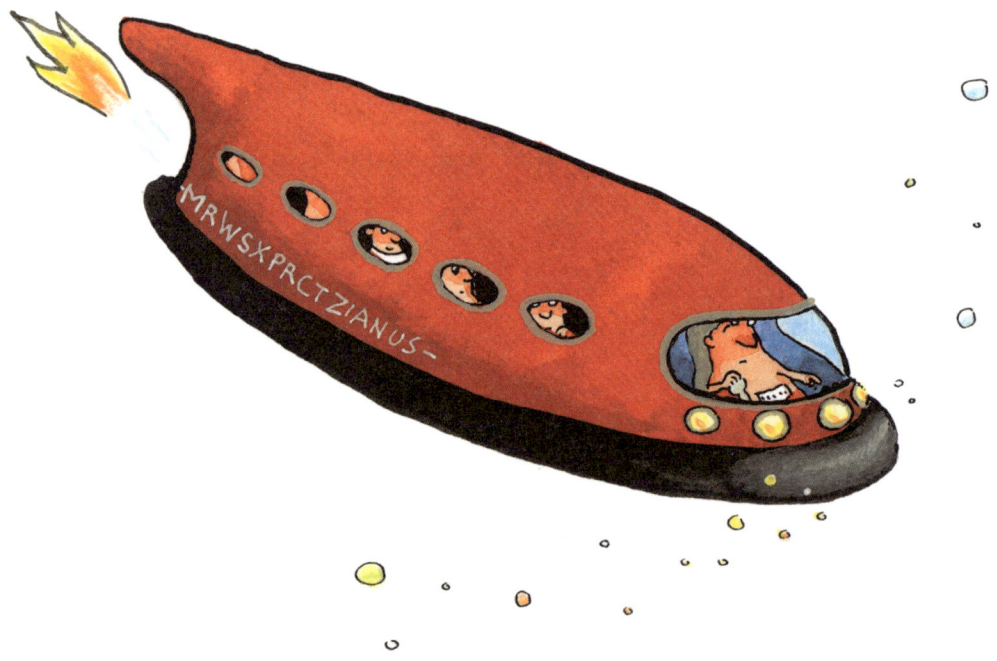

Inhalt

Drei Sonnen und
ein Düsen-Fahrrad   95

Planetenrechnen   103

Erfindungen
und Weltraum-Hockey   112

B-U-C-H   120

Drei Besuche auf der Erde   124

Drei Sonnen und ein Düsen-Fahrrad

Auf dem Planeten Dingsda
haben alle Bewohner
drei Ohren.
Gerade beginnt dort
ein neuer Tag.
Wie jeden Morgen gehen
drei Sonnen auf.
So wird jeder Tag
dreifach schön.

Alle Wecker auf Dingsda
klingeln dreifach laut.
Sie funktionieren nämlich
mit Sonnenenergie.
„Aufstehen!",
ruft der Sonnenwecker
nach dem Klingeln fröhlich.
„Gleich",
murmelt der kleine Dings.
„Nur noch ein paar Lichtjahre dösen."
Er brauchte morgens
noch ein paar Sonnen mehr.

Gleich fängt die Schule an
und der kleine Dings
trödelt herum.
Er kommt nicht
mit dem Putzen
seiner Jahresnummer voran.
Zum Glück kann der Wecker
nicht nur wecken.

Er bereitet auch dreifach
schnell das Frühstück zu:
Ein Müsli-Drops
vom Vollkornmond
und eine Schale Joghurt,
frisch von der Milchstraße
serviert.

Jetzt aber los!

Der kleine Dings fährt
mit dem Düsen-Fahrrad.

Den Antrieb übernehmen
die Tret-Düsen.

Das Fahrrad düst
bis in den Klassenraum.
Danach rollt es
von selbst zum Parkplatz.
Düsen-Fahrräder
sind komfortabel und
zugleich nicht gerade dumm.

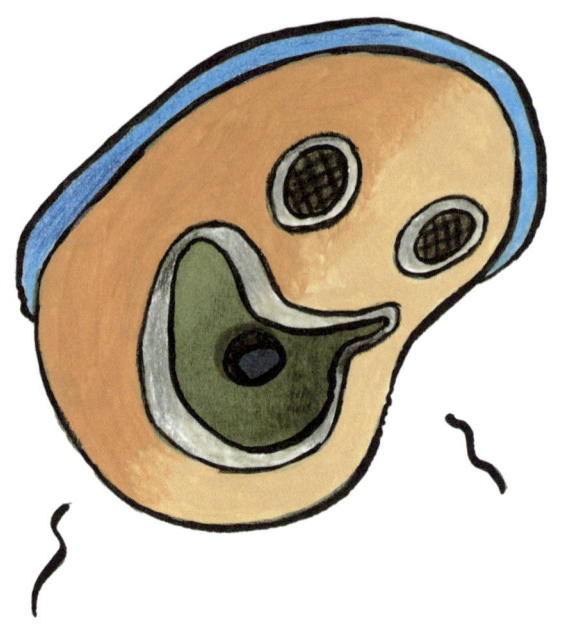

Der Schul-Lautsprecher
schmettert voll Begeisterung:
„Dingsda, Mond,
Saturn und Sonne,
Sternen-Schule
ist 'ne Wonne!"
Jetzt beginnt der Unterricht.

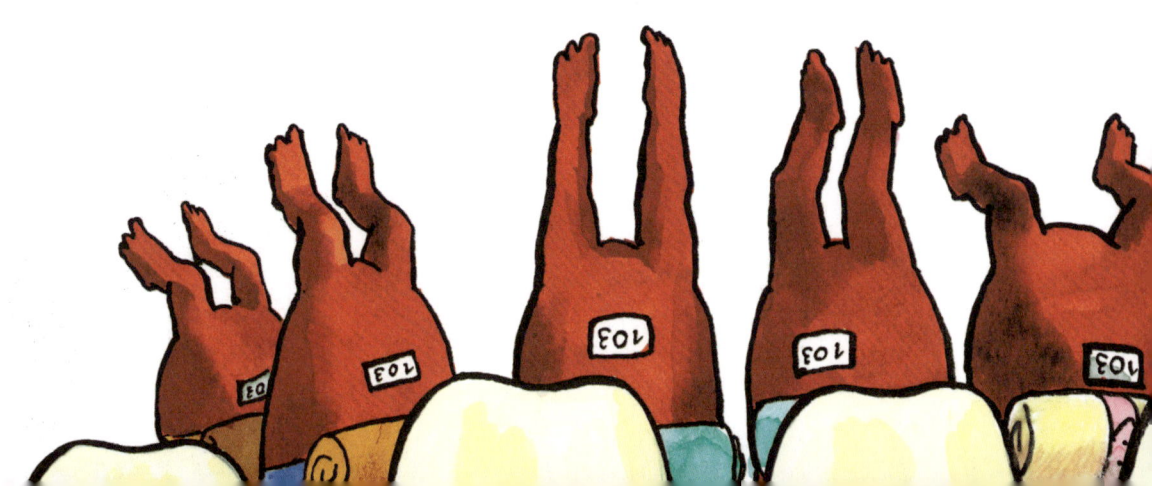

Planetenrechnen

„Guten Morgen, Kinder",
sagt die Lehrerin
und macht einen Handstand.
Das ist auf Dingsda so üblich.

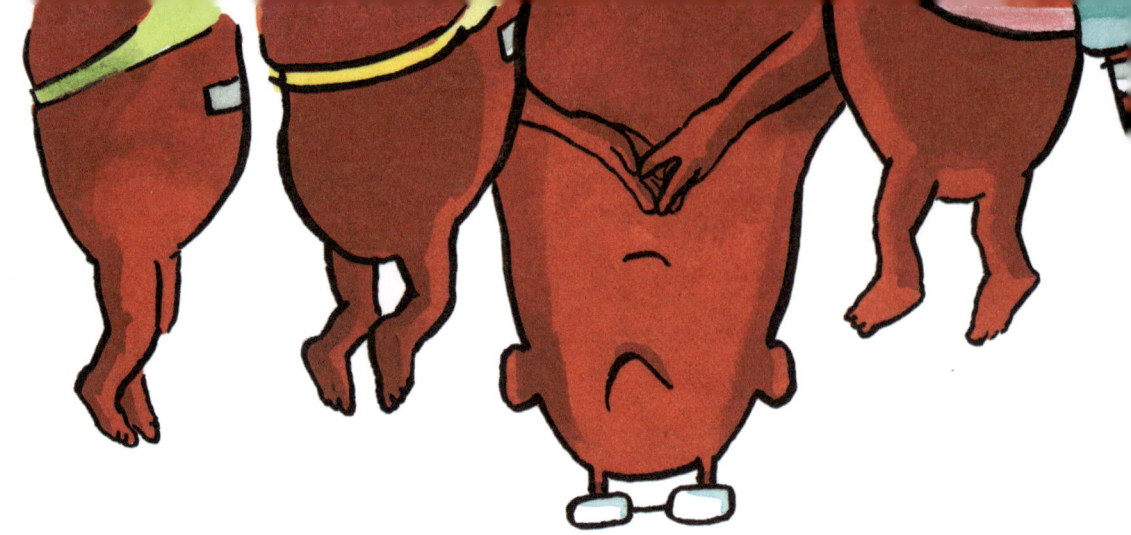

„Guten Morgen,
Frau BRWSXPRCTZ!",
erwidern die Schüler
von unten nach oben.
Wie bitte?
Wie war das?
Noch mal bitte.
Diesmal ohne Handstand.
Vielleicht wird's
dann klarer.

Also:

„Frau BRWSXPRCTZ",

wiederholen die Kinder.

„Das ist doch ganz leicht!"

Fast so leicht
wie unsere Namen:
CRWSXPRCTZ, DRWSXPRCTZ,
FRWSXPRCTZ ..."
„... und ich heiße MRWSXPRCTZ",
ruft der kleine Dings.

Aha.
Na gut.
Die Kinder
vom Planeten Dingsda
und ihre Lehrerin
machen jetzt Planetenrechnen:

„Wie viel sind
dreihundertzehn Trillionen
Sonnen weniger vier?"

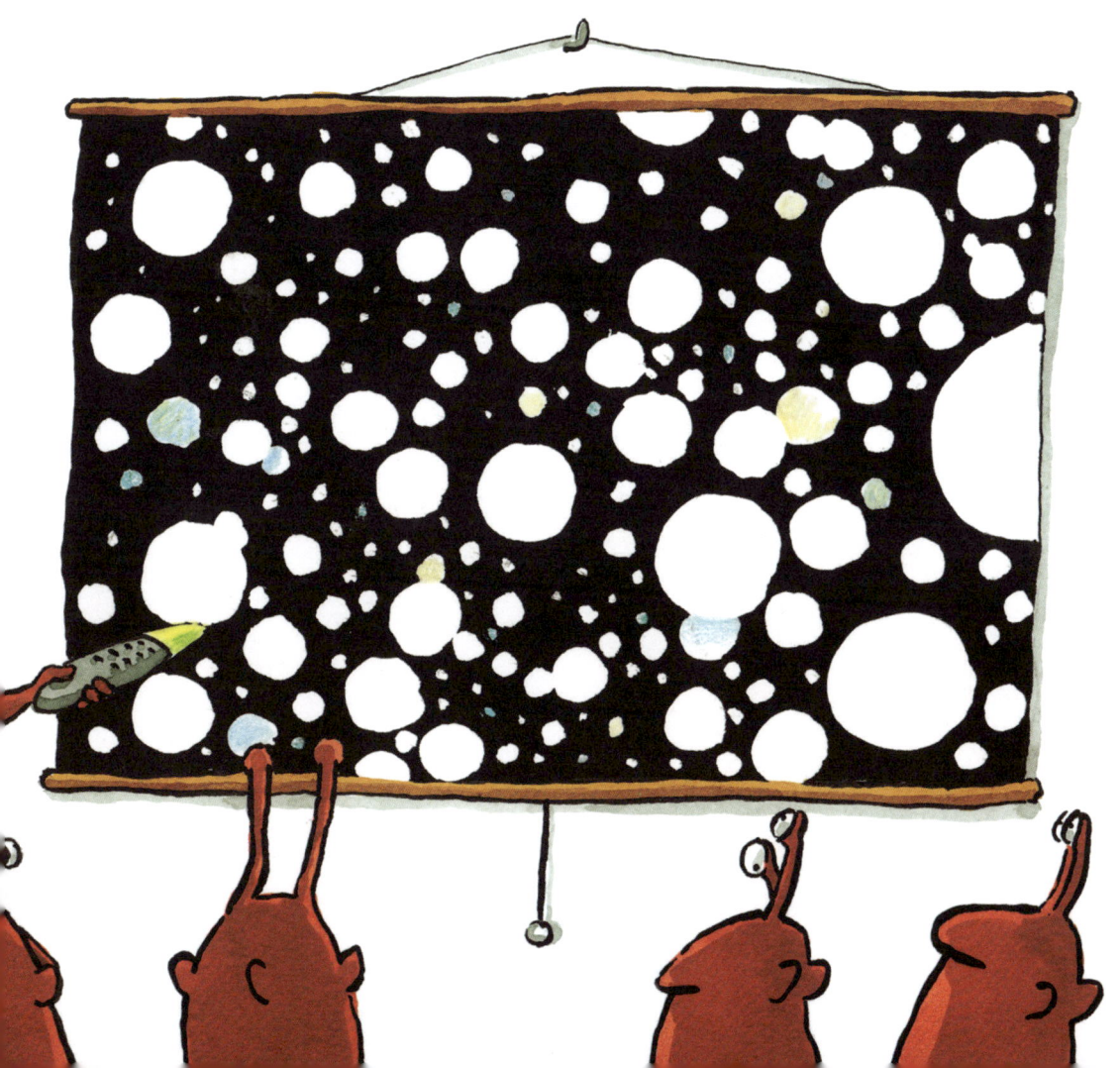

„Fast genauso viele!
Kaum ein Unterschied!
Fällt gar nicht auf!",
rufen die Kinder.
Der kleine Dings sagt:
„Immer noch
hell genug."
„Richtig, richtig
und noch mal richtig!",
ruft die Lehrerin.

„Alle haben Recht!
Wer's nicht glaubt,
soll den Einstein fragen."

Der Einstein
ist der klügste Kiesel
auf dem Planeten Dingsda.
Dort sind viele Steine schlau.
Aber kein Stein
ist so schlau wie Einstein.

$a^2 + b^2 = c$

$e = mc^2$

Sogar das strubbelige,
graue Moos,
das auf ihm wächst,
ist furchtbar klug.

Die Schule
auf dem Planeten Dingsda
ist jetzt schon fast vorbei.
Sie dauert nicht lang
und alle Kinder haben Recht.
Das ist das Gute daran.

Erfindungen und Weltraum-Hockey

Das Planetenrechnen ergab
auf eine schwere Frage
viele richtige Antworten.
Die Lehrerin
ist sehr zufrieden:
„Zur Belohnung spielen wir
Weltraum-Hockey!"
„Au ja!", jubeln alle Schüler.

Weltraum-Hockey
ist auf dem Planeten Dingsda
ein sehr beliebter Sport.

Die Kinder steigen
in ihre Raumanzüge
und das Schul-Schiff
bringt sie ins All.

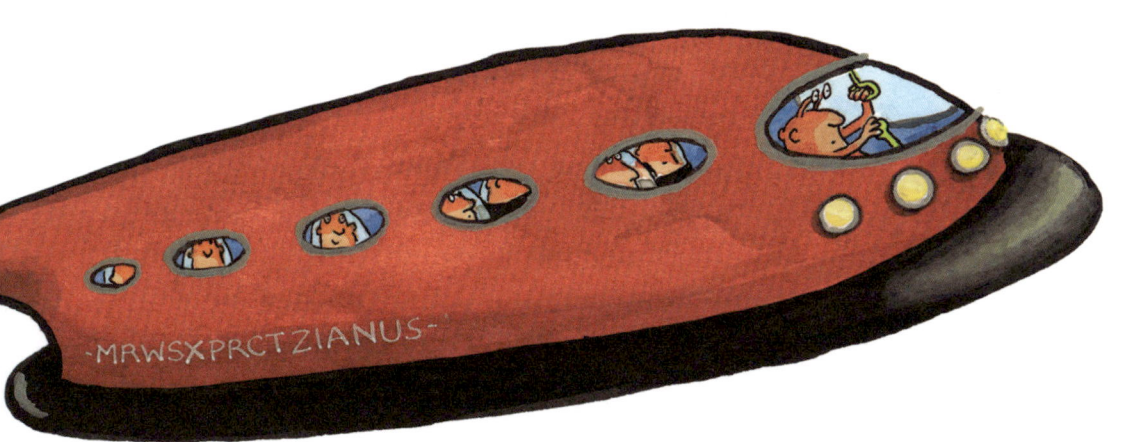

Ein Tor ist
zwischen Saturn
und Pluto geknüpft.
Das andere befindet sich
zwischen Venus und Mars.

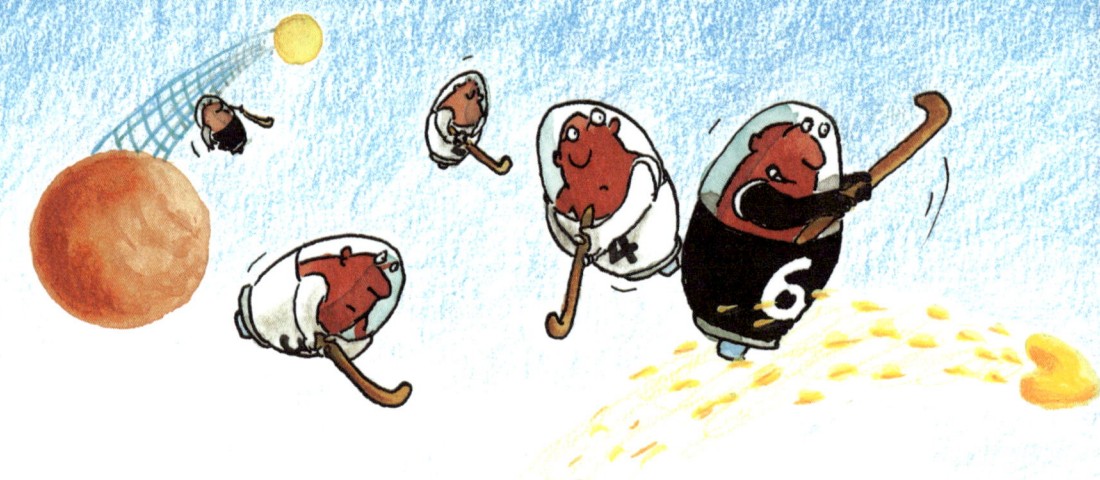

Die Hockey-Schläger
sind ganz normal.
Außer, dass sie
einen Turbo-Antrieb haben.

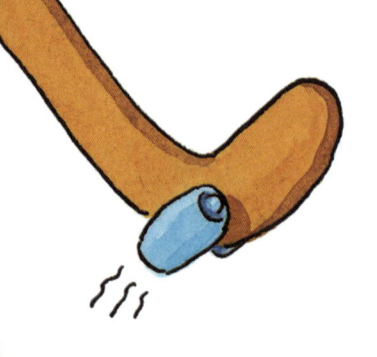

Als Ball dient eine kleine,
weiche Sternschnuppe.
Los geht's!
Das Spiel endet
zwei Millionen
zu einer Million
oder umgekehrt.

Zurück auf dem Planeten
Dingsda,
verkündet die Lehrerin:

„Zum Abschluss machen wir
noch ein paar Erfindungen!"
„Au ja!",
jubeln die Kinder.
Erfindungen machen
gehört zu
ihren liebsten
Beschäftigungen.

Im Werkraum liegt
alles bereit:

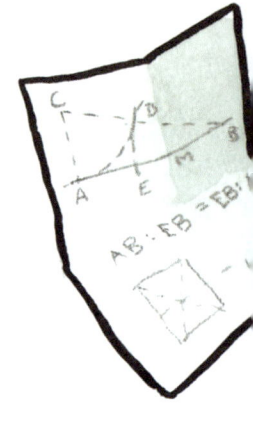

Papier, Holz und Klebstoff,
Platinen, Kabel
und Computer.

Ein Kind erfindet
einen Würfel,
der von Eins bis Sieben
würfelt.
Eine Neuheit
im Universum!

Ein anderes erfindet
einen Kopfhörer
für drei Ohren.
Darauf ist
noch niemand gekommen!

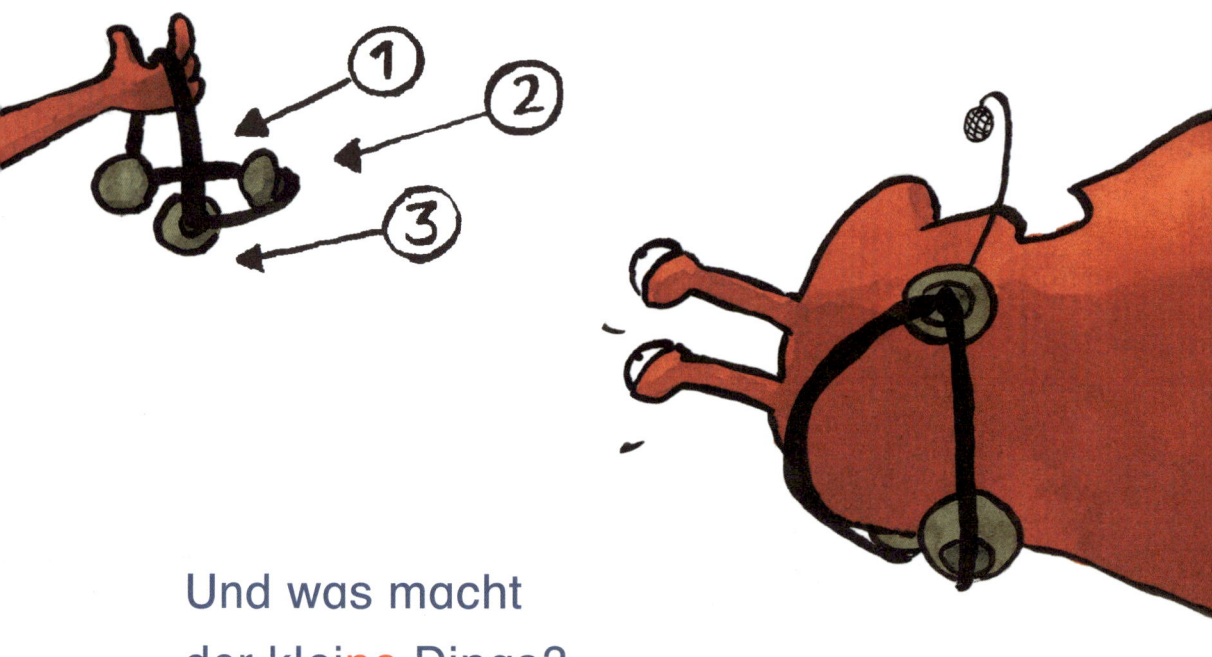

Und was macht
der kleine Dings?
Der schreibt, malt und bastelt
wie verrückt.
Schließlich ist er fertig.

„Was ist das?",
fragen alle erstaunt.
„Das ist ein
BLATT-UMDREHUNGS-
CHAOS-HANDWERK",
sagt der kleine Dings stolz.

„So etwas gab's noch nie!"

B-U-C-H

„Wie?",
fragen die Kinder.
„Was?"
„Hä?",
macht die Lehrerin.
„Ein
BLATT-
UMDREHUNGS-
CHAOS-
HANDWERK",
wiederholt der kleine Dings
geduldig.
„Abkürzung: B-U-C-H. Buch."

„Wie funktioniert das?
Was macht man damit?
Wofür ist das gut?",
fragen alle durcheinander.

„Damit kann man
in andere Welten reisen",
sagt der kleine Dings.
„Noch schneller als
mit einem Raumschiff
oder einer Zeitmaschine."

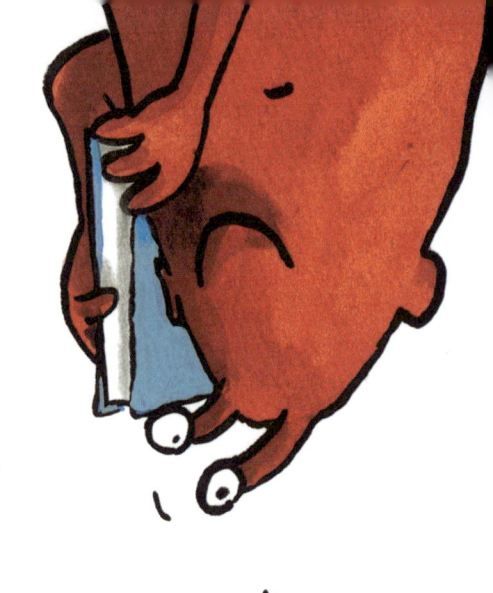

„Toll!
Wahnsinn!
Ganz o.k.",
rufen die anderen Kinder.

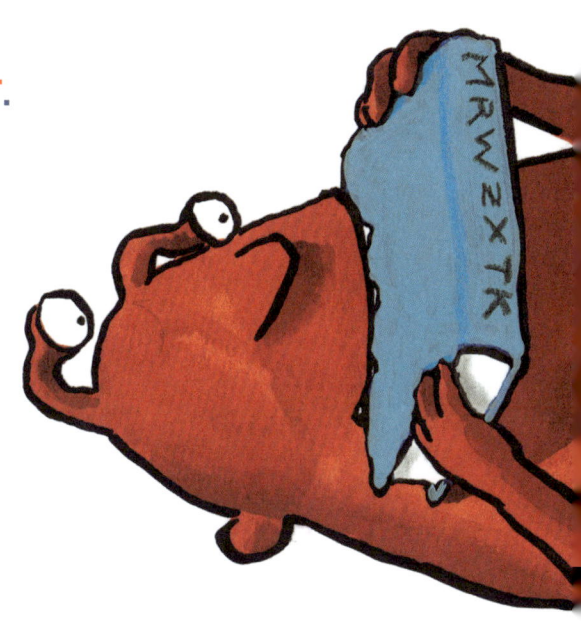

„Was für einen Treibstoff
braucht man dafür?"
„Fantasie-Energie",
sagt der kleine Dings
und klappt das Buch auf.

Drei Besuche auf der Erde

Ich, der kleine
MRWSXPRCTZ,
war schon dreimal
auf dem Planeten Erde.

Beim ersten Mal
habe ich einen Menschen
kennengelernt.
Wie jeder weiß,
haben Menschen
nur zwei Ohren.

Sie wohnen in Häusern
und sind nicht rot,
sondern flauschig.
Hinten haben sie
einen fransigen Stiel.
Damit begrüßen sie sich.

He, kleiner Dings.
Das ist ein Dackel!

Bei meinem zweiten Besuch
habe ich
sehr seltsame Wesen getroffen.
Wahrscheinlich
habe ich sie neu entdeckt.
Sie heißen
halbflauschige Zweiohrer.

Beim dritten Mal
war ich
in der Menschen-Schule.
Mein Freund
hat mich mitgenommen.
Menschen lernen
seltsame Dinge:
Bei Fuß!

Sitz!

Platz!

Na, egal.

In einem Buch

ist alles möglich.

Dieses Buch ist hier zu Ende.

Halt, nicht ganz.

Der kleine Dings

möchte sich

noch verabschieden:

ÜRCXSSCPRÜCRSXTZ!

Das heißt übersetzt:
Auf Wiedersehen!

XCRZ:
ÄRCXSSCPRÄCRSXTZ

Das heißt übersetzt:
Übrigens,
Bücher sind auf Dingsda
neuerdings sehr beliebt.

Martin Klein

DER KLEINE DINGS ist verliebt

Mit Bildern von Kerstin Meyer

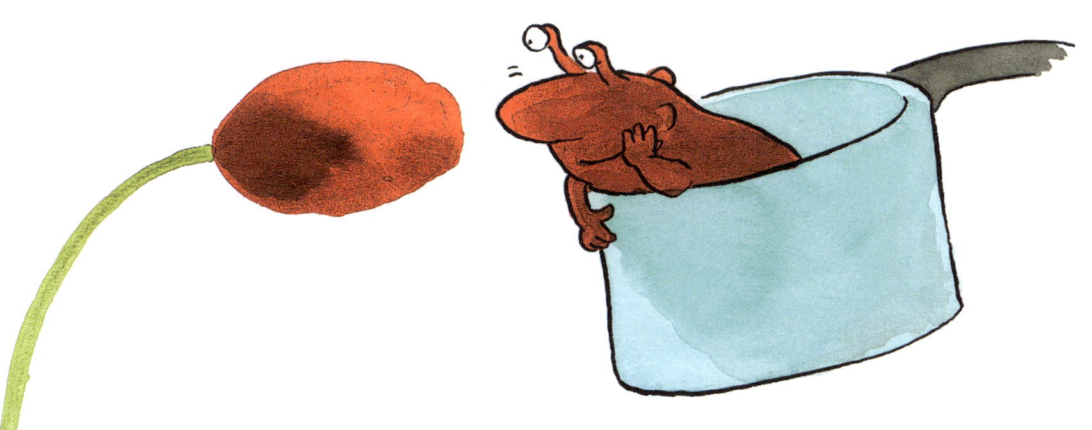

Inhalt

Frühling auf Dingsda   136

Juhu!   142

Der seltsame Spiegel   148

Schöne Wesen   154

Verlieben und Abendessen   158

Frühling auf Dingsda

Auf dem Planeten Dingsda
ist Frühling.
Am Himmel tanzen
drei Sonnen Ballett.
Die Blumen pfeifen
und die Steine färben sich bunt.
Sogar der Einstein wird
grün und blau.
Das ist schön.

Doch der kleine Dings seufzt.
Seine Jahresnummer kribbelt
und zwickt.
Er geht ins Badezimmer.
Dort hängen drei Spiegel.
Für jedes Ohr einer.
„Meine Nummer tut
so seltsam weh",
sagt der kleine Dings.
„Bin ich krank?"
„Nein", blitzt Spiegel eins.
„Du bist fit wie ein Düsen-Fahrrad."
„Aber nicht verliebt",
glitzert Spiegel zwei.
„Also verliebe dich",
funkelt Spiegel drei.

Die Spiegel auf Dingsda sind nicht
so schlau wie der Einstein.
Aber sie haben viel Gefühl.
„ÜRXZÜPTÜRPXZÜ",
sagt der kleine Dings.
Das bedeutet: „Aha."

Er klettert in sein Riesentelefon
und ruft in der Schule an.
„Heute kann ich nicht kommen",
sagt er. „Ich will mich verlieben."

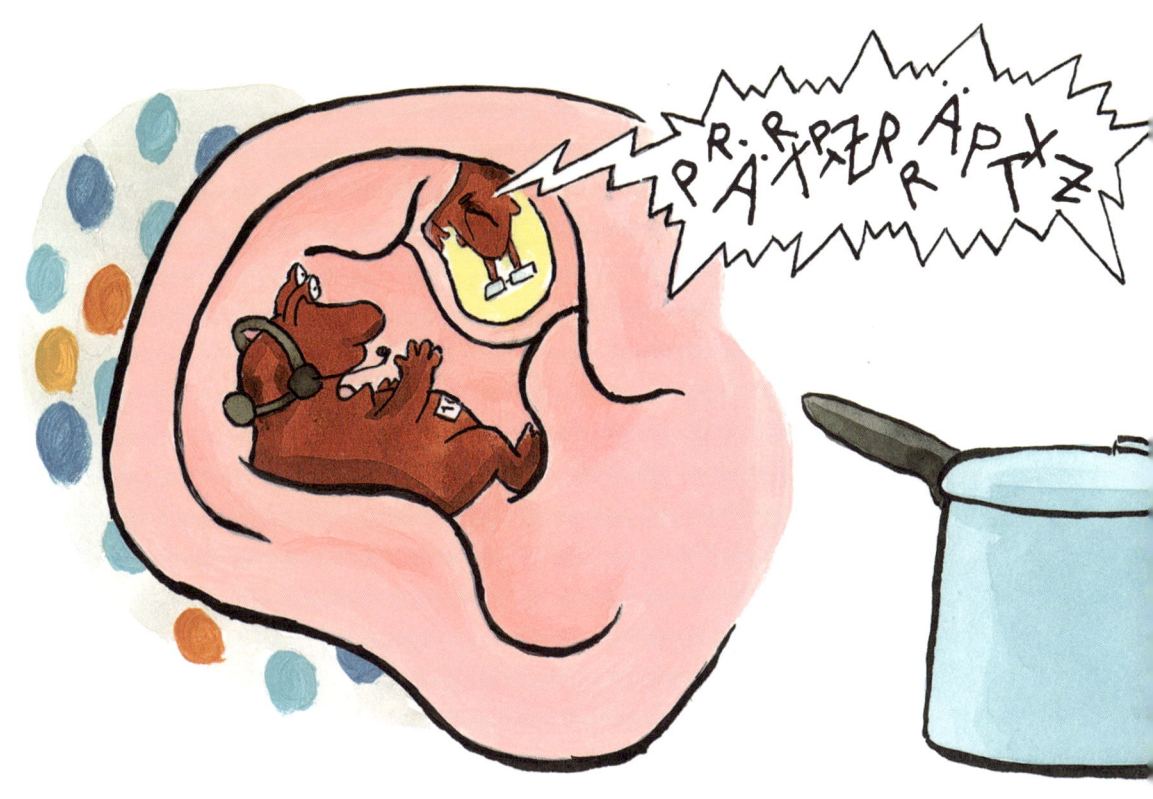

„PRÄRXPTZRRÄPTXZ",
erwidert die Lehrerin.
Das bedeutet:
„Na, dann viel Erfolg!"
Verlieben kommt vor Schule.
Das ist doch klar.

Juhu!

Der kleine Dings steigt
in sein Raumschiff.
Ich mache einen Ausflug zur Erde,
denkt er.
Die ist blau und grün
wie der Einstein im Frühling.
Aber man kann besser
darauf landen.

Der kleine Dings zischt los.
Der Weg führt
die Milchstraße entlang.
Der Pilot umkurvt geschickt
ein paar runde Weltraumecken.
Dahinter kommt die Erde in Sicht.

Der kleine Dings landet im Gras.
„ÜRFPTXTÜHÜ!", ruft er.
Das bedeutet: „Juhu!"
Er kann nämlich schon
seit drei Jahren fliegen.
Zum ersten Mal ist ihm nun
eine weiche Landung geglückt.

Auch auf der Erde ist Frühling.

Die Sonne scheint warm.

Der kleine Dings reckt sich wohlig.

Die Luft riecht gut.

Der kleine Dings schnüffelt eifrig.

Viele schöne Wesen stehen
um ihn herum.
Der kleine Dings staunt sie an.
Sie leuchten in der Sonne.
Sie betrachten ihre Farben
in einem blauen Spiegel.
Ich hab's gleich gewusst,
denkt der Dings.
Die Erde ist der richtige Ort
zum Verlieben.

Der seltsame Spiegel

Der kleine Dings schaut
ins Wasser.

„Bist du umgefallen, Spiegel?",
fragt der kleine Dings.
„Moment, ich stelle dich
wieder auf."

Er fasst kräftig zu.

Das Wasser spritzt hoch.

Das Spiegelbild zerreißt.

Der Dings wird nass.

Andere Planeten,

andere Spiegel.

„RZTYÄRX!", ruft der Dings.

Das heißt übersetzt: „Huch!"

Er macht einen Purzelbaum

rückwärts.

So bittet man auf Dingsda

um Entschuldigung.

Das Wasser beruhigt sich.
Alles klar. Nichts passiert.
Der Dings landet
vor einem schönen Wesen.
Es hat einen schlanken Stängel
und einen leuchtend gelben Kopf.

Es ist ein Löwenzahn.
Der kleine Dings beginnt
zu schielen.
Das bedeutet: „Ich finde dich nett."
Dann wackelt der Dings
mit allen drei Ohren.
Er fragt auf diese Weise:
„Willst du mich kennenlernen?"

Der Löwenzahn schweigt.
Schweigen ist im Weltraum
allgemein bekannt.
Es könnte heißen:
Ich bin schüchtern.
Frag später noch mal.

„Vielleicht", sagt der Dings,
„vielleicht aber auch nicht."
Denn die Auswahl zum Verlieben
ist groß.

Schöne Wesen

Der kleine Dings schaut
sich um.
Nicht weit entfernt wächst
ein tolles Geschöpf.
Es hat einen herrlich
roten Kopf.
Alle Dingsdaner lieben
diese Farbe sehr.
Der Dings streckt
der tollen Roten
die Zunge heraus.
Das ist auf Dingsda
so üblich.
Alle freuen sich,
wenn es geschieht.

Es bedeutet:

He, du! Ich finde dich gut!

Doch die Tulpe ist sehr beschäftigt.

Der kleine Dings wendet sich

höflich ab.

Die schöne Rote ist schon vergeben.

Der kleine Dings seufzt.
Er setzt sich unter
den Kirschbaum.
Im Garten weht
eine Frühlingsbrise.
Weiße Flocken rieseln herab
wie duftender Schnee.
„XBZBZBZ? XTRFTFRZ!",
ruft der Dings gerührt .
Das heißt: „Für mich?
Wie wunderbar!"

156

Er nimmt den dicken Stamm
in die Arme.
Er schließt die Augen.
Der dicke Kirschbaum verschenkt
seine Blüten.
Der kleine Dings träumt
vom Verlieben.

Verlieben und Abendessen

Der kleine Dings spürt
eine Berührung.
Etwas Kühles und Feuchtes.
Jemand schnuppert ihn an.
Jemand riecht würzig.
Jemand zum Verlieben?
Nein.

Die feuchte Nase gehört
einem alten Bekannten.
Der kleine Dings kennt ihn
schon seit drei Dings-Büchern.
„Hallo, Mensch!", ruft der Dings.
„Wie geht's?"
Kleiner Irrtum.

„Der komische Vogel ist wieder da!",
bellt der Dackel.
„Wie schön!"
Noch ein kleiner Irrtum.
Aber das ist nicht wichtig.
Der Dings und der Dackel
mögen sich leiden.

„Weißt du jemanden zum Verlieben,
Mensch?",
erkundigt sich der Dings.

Der Dackel holt einen Knochen.

Der Dings schüttelt den Kopf.

Der Dackel holt ein Stöckchen.

„Nein", sagt der Dings.

Der Dackel holt seinen Freund.

Er wohnt im Nachbargarten.

Es ist Hartmut, der Boxer.

Er hat einen freundlichen Knautschkopf.

Er schlabbert mit der Zunge.

„OXXX!", macht der Dings.
Das bedeutet: „UÄÄÄ!"
„Hartmut!", ruft eine Stimme.
„Aus!"
„Das ist Frauchen",
bellt der Dackel.

Die Stimme gehört
einem Mädchen.
Sie hat Löwenzahn gepflückt
und eine Kette daraus geflochten.
„Nanu?!"
Sie schaut den Dings verdutzt an.
„Was bist du denn für einer?"
Der Dings schaut sie verzaubert an.

„PRZTXXYCGHTTRTRWRX",
haucht er.
Das heißt:
„Du bist die Richtige für mich."

„Bist du vielleicht
ein komisches Marsmännchen?",
überlegt das Mädchen.
„Ich dachte immer, es gibt keine."
Der Dings schaut zu Boden.
„Ich bin der kleine Dings",
murmelt er.
Er wird noch röter als rot.
Er ist bis über alle drei Ohren
verliebt.

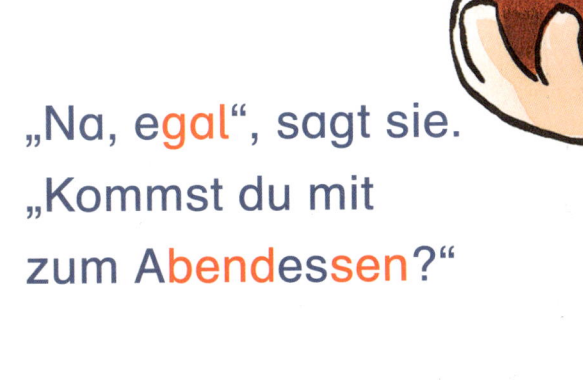

„Na, egal", sagt sie.
„Kommst du mit
zum Abendessen?"

Was?!

Wie?!

Wo?!

So spät schon?!

Der Dings erschrickt.

Er muss zum Abendessen

wieder zu Hause sein!

Verliebtsein hin oder her.

Eilig besteigt er sein Raumschiff
und startet.
„Tatsächlich:
ein lustiger, kleiner Alien",
stellt das Mädchen fest.

Sie winkt dem Raumschiff
aus dem Garten hinterher.
Der Dackel und der Boxer
schauen zu.

Der kleine Dings fliegt
ein tolles Herz.
Dann dreht er Richtung Dingsda ab.
Es ist sehr schön sich zu verlieben.
Doch das Abendessen
kann nicht warten.

Leserabe Leserätsel

Rätsel 1

Der keine Dings aus dem All

Streiche die Buchstaben, die zu viel sind.

Ruseakiugsmschoneigeff

Mekigulickchotestikrloakiße

Holiackndzubstkiarintud

Rätsel 2

Der kleine Dings und die Zeitmaschine

Wie viele Wörter aus der Geschichte
findest du?

ZUKUNFTSEKUNDEKINDERKAUGUMMIS

FREUNDIRRTUMGESCHENKBALL

Der kleine Dings in der Schule

Insgesamt sind
sechs Wörter versteckt.
Kreise sie ein.

F	K	A	S	P	K
D	I	N	G	S	L
V	E	N	U	S	N
O	S	P	O	R	T
W	E	C	K	E	R
P	L	U	T	O	T

Der kleine Dings in der Schule

Bist du ein richtiger Weltraum-Fan?

Auf dem Planeten Dingsda gehen jeden Morgen

drei _____ auf. Der kleine Dings fährt

mit dem _____ zur Schule.

Der klügste Kiesel heißt _____. Der Ball beim

Weltraum-Hockey ist eine _____.

Lösungen
Rätsel 3: Dings, Kiesel, Venus, Sport, Wecker, Pluto
Rätsel 4: Sonnen, Düsen-Fahrrad, Einstein, Sternschnuppe

Der keine Dings ist verliebt

Was stimmt? Ersetze die richtige Zahl
durch den passenden Buchstaben.
Dann erhältst du das Lösungswort.

	Ja	Nein
Der kleine Dings ist krank.	8	16
Der kleine Dings fliegt zur Erde.	9	4
Die schöne Rote ist schon vergeben.	12	16
Der kleine Dings verwechselt den Dackel mit einer Katze.	26	15
Der kleine Dings wird mit einem Vogel verwechselt.	20	5

A	B	C	D	E	F	G	H	I
1	2	3	4	5	6	7	8	9

J	K	L	M	N	O	P	Q	R
10	11	12	13	14	15	16	17	18

S	T	U	V	W	X	Y	Z
19	20	21	22	23	24	25	26

Lösungswort:

Rabenpost

Super, geschafft!

Jetzt ist es Zeit für die Rabenpost.
Wenn du das Lösungswort herausgefunden hast,
kannst du tolle Preise gewinnen!

Gib es auf der  Website ein
▶ www.leserabe.de,

mail es uns ▶ leserabe@ravensburger.de

oder schick es mit der Post.

Lösungswort:

An
den LESERABEN
RABENPOST
Postfach 2007
88190 Ravensburg
Deutschland

Leichter lesen lernen mit der Silbenmethode

Durch die farbige Kennzeichnung der einzelnen Silben lernen die Kinder leichter lesen. Das gelingt folgendermaßen:

1. Die einzelnen Wörter werden in Buchstabengruppen aufgeteilt. Diese kleinen Gruppen sind leichter zu erfassen als das ganze Wort.
2. Die Buchstabengruppen sind ganz besondere Einheiten: Sie zeigen die Sprech-Silben an. Die Sprech-Silben sind der Schlüssel, um ein Wort richtig lesen und verstehen zu können.

Zum Beispiel können bei dem Wort „Giraffe" auch die ersten drei Buchstaben „Gir" als Gruppe gelesen werden: Gir - af - fe. Das könnte dann der Name einer besonderen Affenart sein.
Mit den farbigen Silben dagegen werden sofort die richtigen Buchstabengruppen erkannt: Giraffe. Beim Lesen ergibt sich automatisch der richtige Sinn.
Es ist das Tier mit dem langen Hals gemeint.

Warum ist das so?
Beim Lesen in **Sprech-Silben** klingen die Wörter so, wie wir sie **sprechen** und **hören**. So kann der Sinn der Texte leichter entschlüsselt werden – lesen macht Spaß!
Sobald das Lesen flüssig gelingt, können auch alle Texte ohne farbige Silben sicher erfasst werden. Durch das Training erkennen die Kinder die Sprech-Silben automatisch.
Dadurch lesen alle Leseanfänger leichter und besser – und auch die nicht so starken Leser können schneller Erfolge erzielen.

Die farbigen Silben helfen nicht nur beim Lesen, sondern auch bei der **Rechtschreibung**. Sie machen die Struktur der deutschen Sprache sichtbar. Der Leseanfänger nimmt von Anfang an die Silbengliederung der Wörter wahr – und kann so die richtige Schreibweise ableiten.

Markieren die farbigen Silben die Worttrennung?
Die farbigen Silben zeigen die Sprech-Silben eines Wortes an. In den allermeisten Fällen ist das identisch mit der möglichen Worttrennung am Zeilenende. In erster Linie bei der Trennung einzelner Vokale (a, e, i, o, u; z.B. E-va, O-fen, Ra-di-o) gibt es einen Unterschied: Nach der aktuellen Rechtschreibung werden diese am Zeilenende nicht abgetrennt. Da diese Wörter aber mehrere Sprech-Silben haben, sind diese auch mit zwei Farben gekennzeichnet: Eva, Ofen, Radio.

Weitere Informationen zur Silbenmethode auf: www.silbenmethode.de